CRIPTOMONEDAS Y NFT

Una Guía Completa para Entender el Futuro
del Dinero Digital y la Colección Digital

10 DE MAY DE 2023
FD REPRECENTACIONES
ASUNCION PARAGUAY

Índice

Prólogo

CAPITULO 1

CAPITULO 2

CAPITULO 3

- Principales Criptomonedas
- Diferencias entre Criptomonedas y sus Aplicaciones Específicas
- Cómo Evaluar y Elegir Criptomonedas para Invertir

CAPITULO 4

- ¿Qué son los NFT y por qué son tan importantes?
- Aplicaciones de los NFT en el Mundo del Arte, los Videojuegos y Más
- Pasos para Crear, Comprar y Vender NFT

CAPITULO 5

- Inversión en Criptomonedas y NFT
- Riesgos Asociados y Medidas de Seguridad
- Diversificación de Cartera y Gestión de Riesgos

CAPITULO 6

- Estado actual de la regulación de criptomonedas y NFT en diferentes países.
- Implicaciones Fiscales de la Inversión en Criptomonedas y NFT

CAPITULO 7

- El Futuro de las Finanzas y la Cultura Digital
- Perspectivas Futuras y Posibles Escenarios para las Tecnologías de Criptomonedas y NFT

CAPITULO 8

- Recursos y Herramientas para Principiantes
- Cómo Comprar Bitcoin en una Plataforma de Intercambio
- Cómo Enviar Bitcoin a otra Billetera
- Cómo Comprar un NFT en un Mercado NFT
- Últimos consejos para los lectores interesados en comenzar a invertir

Epílogo

- Navegando en el Mundo Digital de las Criptomonedas y los NFT

Este libro está dirigido a una audiencia diversa y amplia que abarca desde principiantes totales que desean entender las criptomonedas y los NFT desde cero hasta personas con algún conocimiento previo que desean profundizar en estos temas y aprender más sobre sus aplicaciones y oportunidades.

El objetivo de este libro es capacitar a los lectores para que comprendan, naveguen y participen de manera informada en el emocionante mundo de las criptomonedas y los NFT, ya sea que deseen invertir, crear, explorar nuevas oportunidades o simplemente aumentar su conocimiento sobre estas tecnologías disruptivas

Prólogo

Descubriendo el Universo de las Criptomonedas y los NFT

Bienvenidos a un viaje fascinante a través del mundo de las criptomonedas y los Tokens No Fungibles (NFT). Este libro ha sido creado para ayudarte a comprender y navegar por el emocionante y dinámico espacio de las finanzas digitales y la propiedad digital única En la última década, las criptomonedas han pasado de ser una mera curiosidad tecnológica a una clase de activos que ha transformado la forma en que concebimos el dinero y el valor. Desde el nacimiento de Bitcoin, la primera criptomoneda, hasta la proliferación de miles de otras monedas digitales, hemos sido testigos de una revolución financiera que desafía las convenciones tradicionales. Las criptomonedas ofrecen un sistema de transacciones descentralizado y seguro, que elimina la necesidad de intermediarios financieros y brinda a las personas un mayor control sobre sus activos financieros. Pero las criptomonedas son solo una parte de la historia. Los NFT, una innovación más reciente, han llevado esta revolución un paso más allá al permitir la tokenización de activos digitales únicos, desde obras de arte digitales hasta bienes virtuales en juegos. A medida que te adentres en las páginas de este libro, te sumergirás en los conceptos básicos de las criptomonedas y los NFT, aprenderás cómo funcionan las tecnologías subyacentes, explorarás las diversas aplicaciones más allá de las finanzas y descubrirás cómo comprar, vender y gestionar estas formas digitales de valor. Sin embargo, este libro no solo se trata de conocimientos técnicos y financieros. También explora el impacto cultural y creativo de las criptomonedas y los NFT. Desde el auge del arte digital hasta la innovación en la industria de los videojuegos, estas tecnologías están desafiando las nociones tradicionales de propiedad y creación en el mundo digital. A lo largo de este viaje, recordemos que la educación es clave. Las criptomonedas y los NFT pueden ser emocionantes y lucrativos, pero también conllevan riesgos. Es fundamental entender los conceptos básicos, tomar decisiones informadas y proteger tus activos digitales. Este libro está diseñado para ser una guía introductoria y un recurso valioso para quienes se aventuran en este emocionante espacio. Espero que disfrutes de la exploración y encuentres inspiración en las posibilidades que el mundo de las criptomonedas y los NFT ofrece.

Sin más preámbulos, ¡comencemos este apasionante viaje juntos!

¿Qué son las Criptomonedas?

Las criptomonedas son formas de dinero digital que utilizan criptografía para garantizar la seguridad de las transacciones y controlar la creación de nuevas unidades. A diferencia de las monedas tradicionales emitidas por los gobiernos, las criptomonedas son descentralizadas, lo que significa que no están respaldadas por ninguna autoridad central, como un banco central. Esto les confiere varias características únicas. El concepto de criptomonedas se remonta a la década de 1980, pero la primera criptomoneda práctica, Bitcoin, fue creada en 2009 por una persona (o grupo de personas) bajo el seudónimo de Satoshi Nakamoto. Bitcoin marcó el comienzo de una revolución en las finanzas digitales y sentó las bases para la creación de miles de criptomonedas adicionales. funcionan en una tecnología llamada blockchain, que es un libro de contabilidad digital público y descentralizado. Cada transacción de criptomoneda se registra en un bloque en la cadena, y estos bloques están enlazados de manera segura mediante criptografía. Esto garantiza la integridad y la seguridad de las transacciones, ya que una vez que se registra una transacción en la cadena de bloques, es prácticamente imposible modificarla o eliminarla. Aquí aprenderás cómo comprar tus primeras criptomonedas y cómo almacenarlas de manera segura en monederos digitales (wallets). Exploraremos las diferencias entre monederos en línea y monederos físicos, así como las mejores prácticas para proteger tus activos digitales.

CAPITULO 1

Historia y Evolución de las Criptomonedas

La historia de las criptomonedas es una narrativa fascinante que se ha desarrollado a lo largo de décadas, y ha sido testigo de una evolución asombrosa, La idea de una moneda digital se originó en la década de 1960, cuando se desarrollaron sistemas de computadoras capaces de realizar transacciones electrónicas. Sin embargo, fue en la década de 1980 cuando se hicieron avances significativos en la criptografía, lo que allanó el camino para la creación de monedas digitales más seguras. Varios intentos de crear monedas digitales vieron la luz en la década de 1990, pero ninguno tuvo un éxito duradero. David Chaum, un criptógrafo estadounidense, lanzó "eCash" en 1995, que permitía transacciones anónimas en línea, pero no logró una adopción masiva, NO fue hasta el 31 de octubre de 2008, Que una persona (o grupo de personas) bajo el seudónimo de Satoshi Nakamoto publicó el famoso "Libro Blanco de Bitcoin," que describía un sistema de efectivo digital peer-to-peer. Y En enero de 2009, se minó el primer bloque de Bitcoin, conocido como "bloque génesis," marcando el inicio de la era de las criptomonedas. Bitcoin se destacó por su innovador sistema de consenso basado en la minería, la escasez programada y la transparencia. Después de Bitcoin, surgieron otras criptomonedas, conocidas como "altcoins." Litecoin (2011) y Namecoin (2011) que fueron algunas de las primeras altcoins que intentaron mejorar aspectos de Bitcoin, como la velocidad de las transacciones y la resistencia a la censura. En 2013, se produjo un auge en la creación de altcoins, con monedas como Ripple y Dogecoin ganando popularidad. Durante este período, las criptomonedas experimentaron un crecimiento explosivo en términos de adopción y valor. Bitcoin alcanzó precios récord y se convirtió en una forma legítima de inversión y almacenamiento de valor. La tecnología blockchain también comenzó a atraer la atención de las empresas y los gobiernos debido a su capacidad para mejorar la eficiencia de las transacciones y la gestión de datos. A finales de 2017, el mercado de criptomonedas alcanzó su punto máximo, con precios astronómicos y una gran cantidad de inversores minoristas entrando en el juego. Sin embargo, esta burbuja estalló en 2018, lo que resultó en una caída significativa de los precios y una mayor cautela en el mercado, Durante la pandemia de COVID-19, se produjo un aumento en la adopción de criptomonedas, impulsado en parte por la creciente aceptación de Bitcoin por parte de instituciones financieras y empresas notables. Empresas como Tesla y Square invirtieron grandes sumas en Bitcoin, y los inversores institucionales comenzaron a ver las criptomonedas como una cobertura contra la inflación, A medida que avanzamos hacia el futuro, las criptomonedas continúan evolucionando. Se están desarrollando tecnologías como contratos inteligentes en Ethereum, la adopción de NFT (Tokens No Fungibles) y la exploración de monedas digitales emitidas por bancos centrales (CBDC). La regulación también se está volviendo un tema central en la industria, y la forma en que se aborde tendrá un impacto significativo en el futuro de las criptomonedas.

Moneda Digital

A diferencia de las monedas tradicionales, como el dólar o el euro, las criptomonedas existen únicamente en forma digital. No se emiten billetes ni monedas físicas; en su lugar, las unidades de criptomoneda se almacenan electrónicamente en un libro de contabilidad digital llamado blockchain, El aspecto más distintivo de las criptomonedas es su falta de control centralizado. En el sistema financiero tradicional, los gobiernos y los bancos centrales emiten y regulan la moneda, controlando su circulación y valor. En cambio, las criptomonedas funcionan en una red descentralizada de computadoras interconectadas, lo que significa que no hay una entidad central, como un banco o un gobierno, que tenga el poder de emitir o controlar la criptomoneda, como no hay una entidad central que controle las transacciones, es difícil o casi imposible censurar o bloquear transacciones específicas. Esto es especialmente valioso en regiones donde la libertad financiera es limitada. La información sobre todas las transacciones de criptomonedas se almacena en la cadena de bloques y es accesible públicamente. Esto garantiza la integridad de las transacciones y previene el fraude, Las criptomonedas permiten el acceso a servicios financieros para personas que no tienen acceso a sistemas bancarios tradicionales. Cualquier persona con acceso a Internet puede participar en la economía de las criptomonedas. Sin embargo, la descentralización también presenta desafíos, como la falta de regulación, la volatilidad de precios y la responsabilidad personal de la seguridad. A medida que avances en la comprensión de las criptomonedas, es fundamental comprender cómo aprovechar sus beneficios y mitigar sus riesgos.

Ventajas de las Criptomonedas

Las criptomonedas utilizan la tecnología blockchain, que registra todas las transacciones de manera pública y transparente. Esto reduce el riesgo de fraudes y manipulaciones, ya que cualquiera puede verificar las transacciones en la cadena de bloques. Las transacciones de criptomonedas son generalmente más rápidas que las tienen un suministro limitado y una tasa de emisión predecible, lo que les otorga propiedades similares a las materias primas como el oro. Esto puede ser atractivo como una inversión a largo plazo y una protección contra la inflación. transferencias bancarias tradicionales, especialmente las transfronterizas. Esto las hace ideales para transacciones internacionales. brindan acceso a servicios financieros a personas que no tienen acceso a sistemas bancarios tradicionales. Solo se necesita una conexión a Internet para utilizar criptomonedas, lo que las hace inclusivas y accesibles en todo el mundo. Los usuarios de criptomonedas tienen un control total sobre sus fondos y transacciones. No es necesario depender de intermediarios financieros como bancos o instituciones para administrar su dinero.

Desventajas de las Criptomonedas

Las criptomonedas son conocidas por su alta volatilidad. Los precios pueden fluctuar drásticamente en cortos períodos de tiempo, lo que puede llevar a ganancias significativas pero también a pérdidas considerables. También la falta de regulación en algunos lugares puede dar lugar a actividades ilegales y estafas. Los inversores deben ser cautelosos y realizar investigaciones exhaustivas antes de invertir en criptomonedas. Si un usuario pierde su clave privada o contraseña, puede perder acceso irreparable a sus fondos de criptomonedas. La responsabilidad personal de la seguridad es crucial. Aunque la adopción de criptomonedas está en aumento, aún no se han convertido en una forma de pago universalmente aceptada. La aceptación y la infraestructura varían según la región. La privacidad y la pseudoanonimidad de algunas criptomonedas han llevado a su uso en actividades ilegales, como el lavado de dinero y la compra de bienes ilegales en línea. A diferencia de los pagos con tarjeta de crédito o débito, las transacciones de criptomonedas son irreversibles. Si se comete un error o se realiza una transacción no autorizada, puede ser difícil o imposible recuperar los fondos. Es importante tener en cuenta que las ventajas y desventajas de las criptomonedas pueden variar según la perspectiva individual y las circunstancias personales. Antes de invertir o utilizar criptomonedas, es esencial comprender completamente los riesgos y beneficios asociados.

Cómo Comprar, Almacenar y Gestionar Criptomonedas de Forma Segura

Comienza eligiendo una plataforma de intercambio de criptomonedas confiable. Algunas de las opciones populares incluyen Coinbase, Binance, Kraken y Bitstamp. Investiga y elige una plataforma que cumpla con tus necesidades y esté regulada cuando sea posible. Regístrate en la plataforma de intercambio proporcionando la información requerida. Esto puede incluir verificación de identidad para cumplir con regulaciones contra el lavado de dinero (AML) y conozca a tu cliente (KYC), Luego activa la autenticación de dos factores para agregar una capa adicional de seguridad a tu cuenta. Normalmente, esto implica recibir un código de seguridad en tu dispositivo móvil o correo electrónico para iniciar sesión. Deposita fondos en tu cuenta de intercambio. Puedes hacerlo a través de transferencia bancaria, tarjeta de crédito/débito o incluso con otras criptomonedas si la plataforma lo permite. Una vez que tengas fondos en tu cuenta, puedes comprar criptomonedas como Bitcoin, Ethereum, etc. Establece el monto que deseas comprar y confirma la transacción.

Almacenar Tus Criptomonedas de Forma Segura

Elige una billetera (wallet) segura, Una billetera es un software o hardware diseñado para almacenar tus criptomonedas. Las billeteras más seguras son las billeteras de hardware, como Ledger Nano S o Trezor. También puedes optar por billeteras de software seguras como Exodus, Electrum o utilizar billeteras móviles recomendadas por intercambios confiables. Después de comprar criptomonedas en un intercambio, transfiere tus activos a tu billetera personal. Esto minimiza el riesgo de que tus fondos estén expuestos a ataques en la plataforma de intercambio. Si utilizas una billetera de software, asegúrate de realizar copias de seguridad regulares de tus claves privadas o frases de recuperación en un lugar seguro y fuera de línea. Esto te permitirá recuperar tus fondos en caso de pérdida o robo de tu dispositivo.

Gestiona Tus Criptomonedas de Forma Segura

Actualiza regularmente el software de tu billetera y de cualquier otro servicio relacionado con las criptomonedas. Las actualizaciones suelen incluir correcciones de seguridad importantes. Sé cauteloso con los correos electrónicos y sitios web fraudulentos que intentan robar tus datos de acceso o claves privadas. Verifica siempre la autenticidad de las fuentes antes de proporcionar información personal. Activa 2FA tanto en tu billetera como en tu plataforma de intercambio para agregar una capa adicional de seguridad a tus cuentas. Es importante que No pongas todos tus activos en una sola criptomoneda. Diversificar tu cartera puede reducir el riesgo asociado con la volatilidad de los precios, Nunca reveles públicamente la cantidad de criptomonedas que posees ni detalles sobre tu billetera. Mantén tus asuntos financieros privados. Recuerda que la seguridad es fundamental cuando se trata de criptomonedas. Tomar precauciones adecuadas y educarte sobre las mejores prácticas es esencial para proteger tus activos digitales. Además, considera consultar con expertos en criptomonedas o recursos confiables para obtener orientación adicional sobre cómo gestionar tus inversiones de manera segura.

CAPITULO 2

¿Qué es la Tecnología Blockchain?

La blockchain, o cadena de bloques es una estructura de datos descentralizada y distribuida que registra de manera pública y segura todas las transacciones realizadas en una red. Cada grupo de transacciones se agrupa en bloques, y estos bloques están encadenados de manera secuencial, formando una cadena continua de información. Cada vez que se realiza una transacción, ya sea una transferencia de criptomonedas o cualquier otra acción registrada en la cadena de bloques, esta se agrupa con otras transacciones pendientes en un bloque. Antes de agregar un bloque a la cadena, las transacciones en ese bloque deben ser verificadas por nodos de la red. Estos nodos utilizan algoritmos de consenso para garantizar que las transacciones sean válidas y que el bloque no contenga información falsa o fraudulenta. Cada bloque contiene una referencia al bloque anterior (su "bloque padre"), lo que garantiza que los bloques estén encadenados en orden cronológico. Además, la información en cada bloque se almacena mediante técnicas de criptografía avanzada, lo que hace que la modificación o eliminación de datos sea prácticamente imposible sin el consenso de la mayoría de la red. La cadena de bloques se distribuye entre todos los nodos de la red, lo que significa que cada nodo tiene una copia de la cadena completa. Esto garantiza que no haya un punto único de falla y que la información sea resistente a la censura. La tecnología blockchain no se limita únicamente a las criptomonedas; se utiliza en una variedad de aplicaciones, como contratos inteligentes, registros médicos, votación electrónica y más. Su capacidad para proporcionar un registro seguro y transparente de transacciones ha llevado a su adopción en diversos sectores.

Importancia de la Cadena de Bloques en las Criptomonedas

La tecnología de la cadena de bloques utiliza criptografía avanzada para garantizar que las transacciones sean seguras y no se puedan modificar ni eliminar de manera fraudulenta. Cada bloque de la cadena contiene una referencia al bloque anterior, lo que crea una estructura inmutable que hace que sea extremadamente difícil alterar registros existentes. Esto proporciona una capa adicional de seguridad y confianza en las transacciones. Cualquier persona puede ver todas las transacciones registradas en la cadena en tiempo real. Esta transparencia fomenta la confianza en el sistema, ya que las transacciones son verificables por cualquiera y no pueden ocultarse ni manipularse de manera sigilosa, la cadena de bloques es la columna vertebral de las criptomonedas, proporcionando la confianza, la seguridad y la descentralización necesarias para transformar la forma en que entendemos y utilizamos el dinero. Su impacto se extiende más allá de las criptomonedas y tiene el potencial de revolucionar una amplia gama de industrias al proporcionar una forma segura y transparente de registrar y verificar datos y transacciones.

Casos de uso más allá de las criptomonedas contratos inteligentes y más

La cadena de bloques puede utilizarse para crear soluciones de gestión de identidad digital seguras y descentralizadas. Los individuos pueden tener control sobre su información de identidad y compartir selectivamente datos con terceros, lo que puede mejorar la privacidad y la seguridad en línea. La cadena de bloques también se utiliza para rastrear y verificar la procedencia y autenticidad de productos en la cadena de suministro. Esto es especialmente útil en la industria alimentaria, farmacéutica y de productos de lujo, donde la transparencia y la autenticidad son críticas. Además de las criptomonedas, la cadena de bloques se utiliza para representar y gestionar la propiedad de activos digitales, como tokens no fungibles (NFT). Esto ha impulsado la creación de mercados de arte digital, coleccionables y juegos en línea. También se utiliza para registrar y verificar la propiedad de bienes raíces y propiedades. Esto puede simplificar los procesos de compra y venta de propiedades y reducir el riesgo de fraude. facilita las transacciones internacionales al reducir los costos y el tiempo de liquidación. Esto es especialmente beneficioso para remesas y comercio internacional. Estos son solo algunos ejemplos de cómo la tecnología blockchain está transformando diversas industrias y procesos. Su capacidad para proporcionar seguridad, transparencia y eficiencia ha llevado a la exploración continua de nuevas aplicaciones y casos de uso innovadores en todo el mundo.

CAPITULO 3

Principales Criptomonedas

Bitcoin (BTC): Bitcoin es descentralizado, lo que significa que no está controlado ni emitido por ninguna entidad central, como un banco central o un gobierno. En lugar de eso, opera en una red peer-to-peer (P2P) de computadoras llamadas nodos, que validan y registran todas las transacciones en un libro de contabilidad público conocido como blockchain. El blockchain de Bitcoin es un registro público y transparente de todas las transacciones de Bitcoin. Este registro es inmutable y se actualiza continuamente a medida que se agregan nuevas transacciones en bloques. Cada bloque contiene un conjunto de transacciones y está vinculado al bloque anterior, lo que crea una cadena de bloques segura y resistente a la manipulación. Las transacciones son realizadas directamente de una parte a otra en la red, sin intermediarios. Cada transacción es verificada y registrada en la blockchain, lo que proporciona transparencia y seguridad. Bitcoin es conocido por su volatilidad de precios. Su valor puede fluctuar significativamente en un corto período de tiempo, lo que lo hace atractivo tanto para inversores como para especuladores. Bitcoin ha desencadenado un cambio significativo en la forma en que las personas perciben y utilizan el dinero, y ha dado lugar a la creación de miles de otras criptomonedas y activos digitales. Es un pionero en el campo de las criptomonedas y ha sido una fuerza impulsora en la evolución de la tecnología blockchain y las finanzas digitales.

Ethereum (ETH): Ethereum es una plataforma blockchain descentralizada que permite la creación y ejecución de contratos inteligentes, así como el desarrollo de aplicaciones descentralizadas (DApps). Fue propuesto por Vitalik Buterin en 2013 y lanzado en 2015. Ethereum está en constante desarrollo y mejora. Ha experimentado varias actualizaciones importantes, como Homestead, Metropolis, y más recientemente, Ethereum 2.0 (también conocido como Eth2 o Serenity). Estas actualizaciones buscan mejorar la escalabilidad, la seguridad y la eficiencia de la red. es una plataforma blockchain versátil que ha desempeñado un papel crucial en la evolución del espacio de las criptomonedas y la tecnología blockchain. Su capacidad para ejecutar contratos inteligentes ha permitido la creación de un ecosistema rico en innovación y oportunidades.

Ripple (XRP): XRP fue creado por Ripple Labs en 2012 como parte de su objetivo de facilitar pagos transfronterizos más rápidos y eficientes. Aunque Ripple Labs es una empresa privada, XRP es la criptomoneda nativa utilizada en su plataforma. Una de las características destacadas de XRP es su velocidad y eficiencia en la liquidación de pagos. Las transacciones de XRP se liquidan en segundos, lo que lo hace significativamente más rápido que muchas otras criptomonedas, incluido Bitcoin, utiliza una tecnología llamada "Consensus Protocol" (Protocolo de Consenso), que es diferente al sistema de prueba de trabajo (Proof of Work) utilizado por Bitcoin. Este protocolo de consenso permite que las transacciones se confirmen de manera más eficiente y sin la necesidad de una minería intensiva. El futuro de XRP y Ripple Labs está en gran medida influenciado por el resultado de las disputas legales con la SEC y las regulaciones que puedan surgir en torno a las criptomonedas en general. Ripple Labs continúa desarrollando su plataforma y expandiendo sus asociaciones con instituciones financieras en todo el mundo.

Litecoin (LTC): Litecoin fue creado por Charlie Lee, un exingeniero de Google, y se lanzó el 13 de octubre de 2011. El objetivo principal de Lee al crear Litecoin era mejorar algunas limitaciones percibidas de Bitcoin, como la velocidad de confirmación de las transacciones y el algoritmo de minería. utiliza un algoritmo de minería diferente al de Bitcoin. Mientras que Bitcoin utiliza el algoritmo SHA-256, Litecoin utiliza Scrypt. Scrypt es menos intensivo en términos de recursos computacionales y permite tiempos de bloque más rápidos y una minería más accesible para la comunidad en general. Una de las características más destacadas de Litecoin es su velocidad de transacción más rápida en comparación con Bitcoin.

Los bloques de Litecoin se generan aproximadamente cada 2.5 minutos, en contraste con los 10 minutos de Bitcoin. Esto significa que las transacciones de Litecoin tienden a confirmarse más rápidamente. Litecoin se encuentra en constante evolución y enfrenta competencia de otras criptomonedas y soluciones de pago. Su adopción y su papel en el ecosistema de criptomonedas dependerán en última instancia de su capacidad para mantener su relevancia y competitividad.

Bitcoin Cash (BCH): Bitcoin Cash se creó como resultado de una bifurcación (hard fork) de Bitcoin. La bifurcación se debió a diferencias en la comunidad de Bitcoin sobre cómo resolver el problema de escalabilidad de Bitcoin y cómo manejar las tarifas de transacción. Una de las principales diferencias entre Bitcoin Cash y Bitcoin es el tamaño de bloque. Bitcoin Cash aumentó significativamente el tamaño de bloque a 8 MB (en comparación con los 1 MB de Bitcoin) para acelerar las transacciones y permitir un mayor volumen de transacciones por bloque. Gracias al mayor tamaño de bloque, las transacciones de Bitcoin Cash tienden a confirmarse más rápidamente que las de Bitcoin. Esto significa que las tarifas de transacción pueden ser más bajas y las transacciones se pueden procesar de manera más eficiente, es compatible con una amplia gama de billeteras de criptomonedas y se negocia en numerosos exchanges de criptomonedas en todo el mundo. Esto facilita su compra, venta y almacenamiento. Bitcoin Cash ha sido objeto de controversia y divisiones en la comunidad de criptomonedas. Algunos críticos argumentan que la solución para la escalabilidad de Bitcoin Cash no aborda completamente los problemas y que la mayor centralización es un riesgo potencial.

Cardano (ADA): Cardano fue creado por Charles Hoskinson, uno de los cofundadores de Ethereum, y fue lanzado en septiembre de 2017 por la empresa Input Output Hong Kong (IOHK). Desde sus inicios, Cardano ha mantenido un enfoque en la investigación científica y la revisión académica para garantizar la calidad de su diseño. Cardano se desarrolla en capas, lo que permite una mayor modularidad y flexibilidad en la construcción de aplicaciones descentralizadas (DApps) y contratos inteligentes. La plataforma se divide en tres capas: la capa de liquidación, la capa de cálculo y la capa de contrato inteligente. Cardano utiliza un algoritmo de consenso llamado Ouroboros, que es un protocolo de prueba de participación (PoS). Esto significa que los validadores de la red son elegidos en función de la cantidad de ADA que tienen en juego y no requiere una minería intensiva de recursos como en Bitcoin (PoW). El PoS es más eficiente en términos de energía y promueve una mayor descentralización. ha construido una comunidad activa y un equipo de desarrollo dedicado. La plataforma alienta la participación de la comunidad en la toma de decisiones y en la mejora continua de la red a través de votaciones y propuestas. El éxito futuro de Cardano dependerá de su capacidad para competir con otras plataformas blockchain y atraer a desarrolladores y proyectos de DApps. Su enfoque en la investigación y la seguridad puede ser una ventaja en este sentido, Aunque todavía está en proceso de implementación completa de su funcionalidad, ha atraído la atención de la comunidad de criptomonedas y tiene un potencial significativo en el espacio de las finanzas descentralizadas y los contratos inteligentes.

Diferencias entre Criptomonedas y sus Aplicaciones Específicas

Las criptomonedas, como Bitcoin o Litecoin, tienen un propósito principal como moneda digital o almacén de valor. Su función principal es actuar como medio de intercambio y facilitar transacciones financieras. son activos digitales que tienen un uso generalizado y no están diseñadas para una aplicación o industria específica. Pueden ser utilizadas en una variedad de casos, desde pagos en línea hasta inversiones y remesas, tienden a ser más líquidas y ampliamente adoptadas en comparación con tokens específicos. Se negocian en una variedad de exchanges y tienen un alto nivel de visibilidad en los mercados de criptomonedas. El valor de una criptomoneda generalmente se deriva de factores como la oferta y la demanda, la adopción, la confianza y la utilidad general como moneda o reserva de valor. Los tokens, por otro lado, tienen un propósito específico en una aplicación o plataforma particular. Estos tokens se crean y utilizan principalmente para realizar funciones específicas dentro de un ecosistema o proyecto particular. Algunos ejemplos de tokens específicos incluyen Ethereum's Ether (ETH), que se utiliza para pagar tarifas de gas y ejecutar contratos inteligentes en la plataforma Ethereum, y Chainlink's LINK, que se utiliza para alimentar oráculos en la red Chainlink A diferencia de las criptomonedas, los tokens específicos tienen un conjunto limitado de casos de uso dentro de su aplicación específica. No están diseñados como un medio de intercambio general. El valor de un token específico está vinculado a la utilidad y la demanda dentro de la plataforma o aplicación particular en la que se utiliza. Su valor es influenciado por el éxito y la adopción del proyecto. Algunos proyectos de blockchain están trabajando en soluciones de interoperabilidad que permiten que los tokens específicos se utilicen en múltiples plataformas, lo que podría aumentar su utilidad y valor potencial.

Cómo Evaluar y Elegir Criptomonedas para Invertir

La inversión en criptomonedas puede ser lucrativa, pero también conlleva riesgos significativos debido a la volatilidad y la falta de regulación. Para tomar decisiones de inversión informadas, sigue estos pasos para evaluar y elegir criptomonedas: Antes de invertir, invierte tiempo en educarte sobre las criptomonedas. Comprende los conceptos básicos de blockchain, criptomonedas y cómo funcionan. Familiarízate con los términos técnicos y las noticias relacionadas con el mercado de Criptomonedas, Define tus objetivos de inversión. ¿Estás buscando invertir a largo plazo o a corto plazo? ¿Quieres invertir en una moneda estable o estás dispuesto a asumir un mayor riesgo? Tus objetivos influirán en tu elección de criptomonedas. Es importante Realizar una investigación exhaustiva sobre el mercado de criptomonedas. Examina el historial de precios, la capitalización de mercado, el volumen de operaciones y las tendencias recientes de diferentes criptomonedas. Utiliza fuentes confiables como sitios web de seguimiento de criptomonedas y medios financieros. Comprende la tecnología en la que se basa cada criptomoneda que te interesa. ¿Qué problema resuelve? ¿Cuál es su ventaja competitiva? Examina la tecnología blockchain, el consenso y cualquier característica única que pueda tener. Investiga el equipo detrás de la criptomoneda.

¿Quiénes son los fundadores y desarrolladores principales? ¿Tienen experiencia relevante en la industria? Una sólida base de desarrollo y una visión clara pueden ser indicadores de una inversión prometedora. Evalúa la comunidad que rodea a la criptomoneda. ¿Hay una base de usuarios activa y comprometida? ¿La criptomoneda se utiliza en aplicaciones o proyectos reales?, La adopción y el uso real son factores clave para el crecimiento a largo plazo. Considera la seguridad y la regulación. Verifica si la criptomoneda ha tenido problemas de seguridad en el pasado y si cumple con las leyes y regulaciones locales. La seguridad es esencial para proteger tus activos, No pongas todos tus fondos en una sola criptomoneda. La diversificación reduce el riesgo al distribuir tu inversión en varias criptomonedas. Esto puede ayudar a mitigar las pérdidas en caso de que una de ellas tenga un bajo rendimiento. Comprende que las criptomonedas son volátiles y pueden experimentar cambios significativos en su valor en cortos períodos de tiempo. Evalúa tu tolerancia al riesgo y asegúrate de estar cómodo con la posibilidad de pérdidas. Utiliza una billetera segura para almacenar tus Criptomonedas preferiblemente una billetera de hardware, La seguridad de tus activos es fundamental. Si no estás seguro de tus decisiones de inversión, considera consultar a expertos financieros o asesores de criptomonedas. Pueden proporcionar orientación adicional basada en tu situación financiera y objetivos. Recuerda que la inversión en criptomonedas conlleva riesgos, y es importante invertir solo lo que estás dispuesto a perder. La investigación y la planificación cuidadosa son clave para tomar decisiones informadas y gestionar de manera efectiva tus inversiones en criptomonedas.

CAPITULO 4

¿Qué son los NFT y por qué son tan importantes?

Los NFT, o Tokens No Fungibles en español, son una forma especial de criptomoneda que representa la propiedad única e indivisible de un activo digital, ya sea una obra de arte, un videojuego, una música, un coleccionable virtual o cualquier otro objeto digital. A diferencia de las criptomonedas como Bitcoin o Ethereum, que son intercambiables entre sí y tienen el mismo valor, los NFT son únicos y no pueden ser reemplazados por otro objeto de igual valor. Los NFT permiten establecer la propiedad auténtica y verificable de activos digitales. Esto es especialmente relevante en un mundo donde la copia y la distribución digital son fáciles y la propiedad de contenido puede ser difícil de rastrear. Los NFT pueden representar la escasez digital al garantizar que solo exista una copia auténtica de un activo en particular. Esto agrega valor a las obras de arte digitales, los coleccionables y otros objetos digitales únicos, almacenan información sobre la autenticidad y la procedencia de un activo digital. Esto significa que puedes rastrear su historial y confirmar su origen legítimo. Se pueden utilizarse en múltiples plataformas y juegos, lo que permite a los usuarios llevar sus activos digitales consigo y utilizarlos en diferentes entornos. Esto da lugar a una mayor propiedad del usuario sobre sus activos digitales, También proporcionan a los artistas y creadores una nueva forma de monetizar su trabajo. Pueden vender sus obras directamente a los coleccionistas y recibir regalías cada vez que el activo se revende en el mercado secundario. El mercado de NFT ha experimentado un crecimiento explosivo, atrayendo a inversores, coleccionistas y creadores de todo el mundo. Esto ha llevado a un aumento en la atención y la inversión en el espacio de los NFT, desde arte digital y entretenimiento hasta bienes raíces virtuales, videojuegos y música. Su versatilidad hace que tengan un potencial significativo en diversas industrias. Los NFT están impulsando la experimentación y la innovación en la propiedad digital. Esto incluye la creación de mercados de activos digitales, metaversos y nuevas formas de interacción y posesión en el mundo digital. revolucionando la forma en que entendemos y gestionamos los activos digitales. Al proporcionar autenticidad, escasez y propiedad verificable en el mundo digital, los NFT están dando forma a nuevas oportunidades económicas y creativas, y están abriendo la puerta a una amplia gama de aplicaciones innovadoras en el futuro.

Aplicaciones de los NFT en el Mundo del Arte, los Videojuegos y Más

Los NFT permiten a los artistas digitales vender sus obras de arte como activos digitales únicos. Los coleccionistas pueden comprar y poseer versiones autenticadas y verificables de estas obras. Algunas obras de arte digital NFT se han vendido por millones de dólares. En los videojuegos y en el espacio de los coleccionables digitales, los NFT se utilizan para crear objetos, personajes y elementos de juego únicos y escasos. Los jugadores pueden comprar, vender e intercambiar estos activos en el mercado secundario. También se utilizan para representar la propiedad de bienes raíces virtuales en mundos virtuales y metaversos. Los usuarios pueden comprar y vender propiedades digitales, como terrenos, edificios y espacios virtuales, utilizando NFT. Los músicos y artistas pueden utilizar NFT para vender música, álbumes y entradas de conciertos únicas. Esto les permite establecer relaciones más directas con sus fanáticos y recibir regalías en el mercado secundario,

En el ámbito educativo, los NFT pueden utilizarse para certificar logros y competencias. Los estudiantes pueden obtener NFT que demuestren su finalización de cursos o habilidades específicas. Estas son solo algunas de las aplicaciones de los NFT en el mundo del arte, los videojuegos y más. La versatilidad de los NFT ha llevado a una creciente adopción en diversas industrias y a una exploración continua de nuevas formas de utilizar esta tecnología para representar y comercializar activos digitales y físicos.

Pasos para Crear, Comprar y Vender NFT

Crea un NFT: Si aún no tienes una, debes tener una billetera de criptomonedas compatible con la blockchain en la que deseas crear el NFT. Ethereum es una de las blockchains más populares para NFT, por lo que puedes utilizar una billetera como MetaMask. Asegúrate de que tu billetera tenga fondos suficientes para cubrir las tarifas de transacción y las tarifas de creación de NFT.

Selecciona una Plataforma: Elige una plataforma de creación de NFT, como OpenSea, Rarible o Mintable. Estas plataformas te permiten cargar tu contenido y crear NFT, En la plataforma seleccionada, carga el archivo digital o el contenido que deseas convertir en un NFT. Esto puede ser una imagen, un video, una música, un arte digital, etc. Define los detalles de tu NFT, como su nombre, descripción, etiquetas y cualquier atributo adicional que desees agregar, Puedes elegir si tu NFT será único o si habrá múltiples copias. La escasez puede aumentar el valor de tu NFT. Confirma la transacción y paga las tarifas de creación. Una vez confirmado, tu NFT estará disponible en el mercado para que otros lo compren

Vende Tu NFT: Asegúrate de tener suficientes fondos en tu billetera para cubrir las tarifas de transacción y las tarifas de listado. En la plataforma de mercado, busca la opción para listar tu NFT. Sube el archivo digital, configura los detalles y establece un precio, Confirma el listado de tu NFT y paga las tarifas de listado. Tu NFT estará disponible para que otros lo compren. Los compradores pueden hacer ofertas por tu NFT. Puedes aceptar o rechazar estas ofertas según tu preferencia, Cuando aceptes una oferta o alguien compre tu NFT al precio establecido, la transacción se completará y los fondos se transferirán a tu billetera. Ten en cuenta que los detalles específicos pueden variar según la plataforma y la blockchain utilizada. Siempre verifica los requisitos y las tarifas antes de crear, comprar o vender NFT en una plataforma específica.

Pasos para Comprar un NFT: Elige una plataforma de mercado de NFT, como OpenSea, Rarible, NBA

Top Shot o la plataforma en la que el NFT que te interesa esté disponible. Si aún no tienes una, crea una billetera de criptomonedas compatible con la blockchain de la plataforma. A menudo, se utiliza Ethereum y MetaMask. Asegúrate de que tu billetera tenga fondos suficientes para comprar el NFT y cubrir las tarifas de transacción, Explora la plataforma en busca de NFT que te interesen. Puedes utilizar filtros y categorías para refinar tu búsqueda. Una vez que encuentres un NFT que deseas comprar, selecciona "Comprar" o "Ofertar" según la plataforma. Confirma la transacción y paga el precio del NFT más las tarifas de transacción. Cuando completes la compra, el NFT se transferirá automáticamente a tu billetera.

CAPITULO 5

Inversión en Criptomonedas y NFT

Invertir en criptomonedas puede ser altamente rentable, pero también implica riesgos significativos debido a la volatilidad del mercado. Aquí tienes algunas estrategias para invertir de manera inteligente en criptomonedas, Antes de invertir, dedica tiempo a aprender sobre las criptomonedas, la tecnología blockchain y los proyectos específicos en los que estás interesado. Cuanto más sepas, mejor podrás tomar decisiones informadas. La inversión emocional puede llevar a decisiones impulsivas. Mantén la calma y sigue tu estrategia, incluso en momentos de volatilidad extrema. Utiliza órdenes de stop-loss para limitar las pérdidas. Establece límites en la cantidad de tu cartera que estás dispuesto a invertir en una sola criptomoneda, Investiga a fondo cualquier criptomoneda en la que planees invertir. Examina su equipo, tecnología, caso de uso y comunidad. Evita las inversiones en proyectos dudosos o desconocidos. Sigue las Noticias y Eventos del Mercado, Mantente al tanto de las noticias y eventos relevantes en el mundo de las criptomonedas. Los anuncios importantes y las noticias pueden afectar significativamente los precios, trata de Evitar invertir en criptomonedas simplemente porque están de moda en un momento dado. Las tendencias pueden ser efímeras, y es importante invertir en proyectos sólidos y fundamentales. Considera la Inversión a Largo Plazo, A menudo, las inversiones a largo plazo tienen más probabilidades de éxito en el espacio de las criptomonedas. La volatilidad a corto plazo puede ser intensa, pero los proyectos sólidos pueden aumentar de valor con el tiempo. Si no te sientes seguro tomando decisiones de inversión, considera consultar a un asesor financiero o un experto en criptomonedas. Recuerda que las criptomonedas son un activo de inversión de alto riesgo y es importante invertir con cautela. No hay garantías de ganancias, y siempre existe la posibilidad de pérdidas. La gestión prudente del riesgo y la paciencia son fundamentales para invertir de manera inteligente en criptomonedas.

Riesgos Asociados y Medidas de Seguridad

Las billeteras de criptomonedas pueden ser vulnerables a ataques cibernéticos y robos si no se mantienen adecuadamente seguras. Almacena tus criptomonedas en billeteras de criptomonedas seguras, preferiblemente de hardware o billeteras de papel. Estas ofrecen un mayor nivel de protección contra robos en línea. Existen numerosos esquemas de fraude y estafas relacionados con criptomonedas, como proyectos falsos, esquemas Ponzi y phishing, Asegúrate de que tanto tu billetera como tu software de seguridad estén actualizados con las últimas versiones para beneficiarte de las mejoras de seguridad. Siempre Habilita la autenticación de dos factores siempre que sea posible para agregar una capa adicional de seguridad a tus cuentas y transacciones. Ten precaución con los enlaces y correos electrónicos no solicitados, ya que pueden llevar a sitios web fraudulentos y estafas de phishing. La seguridad y la gestión del riesgo son cruciales al invertir en criptomonedas. Al tomar medidas adecuadas para proteger tus activos y mantenerte informado, puedes reducir significativamente los riesgos asociados con esta forma de inversión.

Diversificación de Cartera y Gestión de Riesgos

La diversificación de cartera y la gestión de riesgos son dos estrategias fundamentales para proteger tus inversiones y minimizar la exposición a posibles pérdidas. Estas estrategias son aplicables a diversos tipos de activos, incluidas las criptomonedas. Aquí te explico cada una de ellas.

Diversificación de Cartera: La diversificación de cartera implica distribuir tus inversiones en una variedad de activos en lugar de concentrar todos tus recursos en uno solo. El objetivo es reducir el riesgo global de tu cartera al evitar depender en exceso de un activo en particular. Algunos principios clave de la diversificación de cartera son:

Invertir en Diferentes Clases de Activos: En lugar de poner todo tu dinero en un solo tipo de inversión, como acciones o criptomonedas, considera diversificar entre diferentes clases de activos, como acciones, bonos, inmuebles y criptomonedas

Distribuir en Diferentes Sectores: Dentro de cada clase de activos, diversifica aún más eligiendo activos de diferentes sectores de la economía. Por ejemplo, en el mundo de las criptomonedas, puedes invertir en múltiples criptomonedas en lugar de apostar todo a una sola.

Diferentes Regiones Geográficas: Considera la posibilidad de diversificar geográficamente. Esto significa invertir en activos de diferentes países o regiones para mitigar el riesgo asociado con eventos locales o regionales.

Establecer Objetivos de Diversificación: Define un objetivo de diversificación que refleje tus metas y tolerancia al riesgo. No existe una fórmula única para la diversificación; depende de tus circunstancias y objetivos personales.

Gestión de Riesgos: La gestión de riesgos es un conjunto de estrategias y prácticas diseñadas para controlar y minimizar los riesgos asociados con tus inversiones. Algunas estrategias comunes de gestión de riesgos incluyen.

Establecer Límites de Inversión: Define cuánto estás dispuesto a invertir en un solo activo o clase de activos. Evita poner todos tus fondos en una sola inversión

Usar Órdenes de Stop-Loss: Considera utilizar órdenes de stop-loss para establecer un límite en las pérdidas potenciales. Si el precio de un activo cae por debajo de un cierto punto, la orden de stop-loss se activa automáticamente.

Diversificación: como se mencionó anteriormente Al diversificar tu cartera, reduces la exposición a pérdidas significativas en un solo activo.

Reequilibrio de la Cartera: Revisa y ajusta regularmente tu cartera para mantener la asignación de activos deseada. Esto implica vender activos que han aumentado mucho y comprar aquellos que han disminuido para mantener el equilibrio.

Investigación y Educación Continua: Mantente informado sobre los activos en los que inviertes. La educación continua te permite tomar decisiones más informadas y reducir la probabilidad de cometer errores costosos.

Diversificación de Activos de Refugio: Considera tener una parte de tu cartera en activos considerados refugios seguros, como bonos del gobierno, en momentos de volatilidad significativa en los mercados.

Seguimiento y Control: Establece un sistema para monitorear regularmente tus inversiones y ajustar tu estrategia de acuerdo con los cambios en el mercado y tus objetivos. Tanto la diversificación de cartera como la gestión de riesgos son herramientas esenciales para cualquier inversor, ya sea en criptomonedas u otros activos. Estas estrategias pueden ayudarte a equilibrar el potencial de rendimiento con la protección contra pérdidas significativas, lo que es fundamental para alcanzar tus objetivos financieros a largo plazo.

CAPITULO 6

Estado actual de la regulación de criptomonedas y NFT en diferentes países.

El estado actual de la regulación de criptomonedas y NFT (Tokens No Fungibles) varía significativamente de un país a otro y está en constante evolución. Por Ejemplo:

En los Estados Unidos, la regulación de criptomonedas y NFT es compleja y varía según la entidad reguladora. La Comisión de Bolsa y Valores (SEC) considera algunas criptomonedas como valores y exige su registro. También existen regulaciones estatales, como la Ley BitLicense en Nueva York. La administración Biden ha expresado la necesidad de una mayor regulación para abordar preocupaciones sobre el fraude y la evasión fiscal. Y por otro lado, La Unión Europea (UE) ha adoptado la Directiva de Servicios de Criptoactivos (MiCA) para establecer un marco regulatorio unificado para criptomonedas y NFT en los Estados miembros. La MiCA propone reglas para proveedores de servicios de criptoactivos, incluidos intercambios y billeteras. También se están discutiendo regulaciones más estrictas para stablecoins y criptomonedas privadas. Rusia ha implementado regulaciones para las criptomonedas, pero la situación es fluida. Las criptomonedas no son legalmente reconocidas como medios de pago, pero se permiten actividades de criptocomercio. En América Latina, se están introduciendo regulaciones en diferentes países. Algunos, como El Salvador, han adoptado Bitcoin como moneda de curso legal, mientras que otros están trabajando en regulaciones más amplias. Es importante tener en cuenta que la regulación de criptomonedas y NFT sigue siendo un campo en desarrollo y que las leyes y políticas pueden cambiar rápidamente. Los inversores y usuarios de criptomonedas deben mantenerse informados sobre las regulaciones en sus respectivos países y buscar asesoramiento legal cuando sea necesario.

Implicaciones Fiscales de la Inversión en Criptomonedas y NFT

La inversión en criptomonedas y NFT (Tokens No Fungibles) tiene implicaciones fiscales que varían según el país y la jurisdicción. A continuación, se describen algunas de las implicaciones fiscales comunes que los inversores deben considerar al operar con estos activos digitales:

Impuesto sobre las Ganancias de Capital: La mayoría de los países gravan las ganancias de capital, incluidas las obtenidas a través de la inversión en criptomonedas y NFT. Esto significa que, cuando vendes una criptomoneda o NFT por un precio superior al que pagaste, es posible que debas pagar impuestos sobre las ganancias.Impuesto sobre la Renta: Algunos países consideran las ganancias obtenidas mediante la inversión en criptomonedas y NFT como ingresos y las gravan como tal. La tasa de impuesto sobre la renta puede variar según tu nivel de ingresos y la duración que hayas mantenido los activos

Reglas de Lavado de Dinero y KYC (Conoce a tu Cliente): Para combatir el lavado de dinero y la evasión fiscal, algunos países requieren que las plataformas de criptomonedas y NFT implementen medidas de KYC para identificar a sus usuarios. Esto puede implicar proporcionar información personal y fiscal.

Impuesto a la Herencia y Donaciones: Algunas jurisdicciones pueden aplicar impuestos a la herencia o donaciones a las transacciones de criptomonedas y NFT. Si transfieres activos digitales como herencia o regalo, es posible que debas informar y pagar impuestos. Impuestos por Minería y Staking: La minería de criptomonedas y el staking (participación en redes de prueba de participación) pueden generar ingresos que pueden estar sujetos a impuestos, dependiendo de las leyes locales.

Declaración de Impuestos Precisa: Es fundamental llevar un registro preciso de todas tus transacciones de criptomonedas y NFT, incluidas las fechas de adquisición, los precios de compra y venta, las tarifas pagadas y otros detalles relevantes. Esto facilita la presentación precisa de impuestos. Criptomonedas como Medio de Pago: Algunos países pueden gravar las transacciones realizadas con criptomonedas como si fueran una compra en efectivo. Esto puede tener implicaciones fiscales adicionales al utilizar criptomonedas para transacciones cotidianas.

Criptomonedas y NFT como Activos Subyacentes: Cuando utilices criptomonedas o NFT como activos subyacentes para obtener préstamos o ingresos pasivos, es posible que debas tener en cuenta las implicaciones fiscales de estas actividades. Es fundamental destacar que las leyes fiscales relacionadas con las criptomonedas y NFT pueden ser complejas y cambiantes. Cada país tiene sus propias regulaciones fiscales, y estas regulaciones pueden evolucionar con el tiempo a medida que los gobiernos buscan adaptarse a la creciente adopción de activos digitales. Por lo tanto, es aconsejable buscar asesoramiento fiscal de un profesional con experiencia en criptomonedas y NFT para garantizar el cumplimiento adecuado de las leyes fiscales locales y minimizar cualquier exposición a sanciones fiscales.

CAPITULO 7

El Futuro de las Finanzas y la Cultura Digital

El futuro de las finanzas y la cultura digital se encuentra en una intersección fascinante, donde la tecnología y la evolución cultural están transformando radicalmente la forma en que interactuamos con el dinero y gestionamos nuestras vidas financieras, Las finanzas descentralizadas, impulsadas por la tecnología blockchain, están creando un ecosistema financiero sin intermediarios tradicionales, Las personas pueden prestar, pedir prestado y comerciar con activos digitales sin necesidad de bancos o instituciones financieras. Los pagos digitales y las billeteras móviles se están convirtiendo en lo normal. La cultura digital ha llevado a un aumento en los pagos sin contacto y las transacciones en línea, cambiando la forma en que gastamos y manejamos el dinero. También La tokenización de activos tradicionales, como bienes raíces y obras de arte, se está volviendo común. Esto permite una mayor liquidez y acceso a inversiones antes inaccesibles. Ya son Varios países los que están explorando la creación de monedas digitales respaldadas por bancos centrales. Esto podría revolucionar la forma en que manejamos el dinero emitido por el gobierno, Sin duda la cultura digital ha dado lugar a nuevos modelos de negocio basados en plataformas, datos y servicios en línea. Las empresas fintech están desafiando a las instituciones financieras tradicionales asi también como la inteligencia artificial y la automatización están revolucionando la gestión de activos, el asesoramiento financiero y la detección de fraudes. Estas tecnologías mejoran la eficiencia y la personalización de los servicios financieros. Como la cultura digital facilita el acceso a la educación financiera en línea. Las personas pueden aprender a gestionar su dinero y tomar decisiones informadas con mayor facilidad esto hace que cada día más personas apuesten por los activos digitales. A medida que nuestras vidas financieras se digitalizan, la seguridad cibernética y la privacidad se convierten en preocupaciones cruciales. Las soluciones de seguridad avanzadas son esenciales para proteger nuestros activos y datos.

La tecnología blockchain y los contratos inteligentes están siendo adoptados en una variedad de aplicaciones financieras y legales, desde préstamos hasta gestión de identidad y votación, también Los metaversos y las economías virtuales están emergiendo como espacios donde las personas pueden trabajar, socializar y comerciar con activos digitales, incluidas las criptomonedas. Los gobiernos y los reguladores están adaptando sus enfoques para abordar la digitalización de las finanzas. La regulación de criptomonedas, la privacidad de datos y la ciberseguridad son áreas en constante cambio, El futuro de las finanzas y la cultura digital promete ser emocionante, pero también plantea desafíos y cuestiones fundamentales. La adopción de estas tecnologías y tendencias se acelerará a medida que las personas busquen mayor comodidad, eficiencia y acceso a servicios financieros. Sin embargo, la necesidad de abordar la seguridad, la privacidad y la inclusión financiera será crucial para garantizar que esta transformación sea beneficiosa para todos.

Perspectivas Futuras y Posibles Escenarios para las Tecnologías de Criptomonedas y NFT

Es probable que las criptomonedas se vuelvan más accesibles y utilizadas por el público en general. Las instituciones financieras tradicionales están explorando la integración de criptomonedas y servicios relacionados en sus ofertas, Esto podría llevar a una mayor aceptación de criptomonedas y una convergencia entre los sistemas financieros tradicionales y digitales. se utilizarán cada vez más en aplicaciones de uso específico, como la gestión de identidad, la votación electrónica y la trazabilidad de productos en la cadena de suministro, también se espera que el ecosistema DeFi siga creciendo y diversificándose, con más productos y servicios financieros descentralizados, como préstamos, intercambios y derivados. La tecnología blockchain continuará evolucionando con mejoras en la escalabilidad, la seguridad y la interoperabilidad. Esto abrirá la puerta a una gama más amplia de aplicaciones y casos de uso. Así como los NFT seguirán siendo una parte importante del mundo del arte digital y el entretenimiento. Los artistas y creadores encontrarán nuevas formas de monetizar su trabajo y comprometer a sus seguidores. Los metaversos y las economías virtuales se desarrollarán aún más, con personas que gastan y ganan criptomonedas en entornos virtuales y mundos digitales. La educación sobre criptomonedas y regulación seguirá evolucionando para adaptarse al entorno cambiante. Gobiernos trabajarán en leyes y regulaciones que equilibren la innovación y la protección del consumidor. A medida que aumenta la adopción de criptomonedas y NFT, surgirán nuevos desafíos relacionados con la privacidad y la seguridad cibernética que requerirán soluciones innovadoras. las perspectivas futuras para las tecnologías de criptomonedas y NFT son prometedoras y ofrecen un potencial transformación en la economía y la cultura. Sin embargo, también habrá desafíos y obstáculos a medida que estas tecnologías continúen desarrollándose y evolucionando. La clave estará en la

adaptación, la educación y la colaboración entre
gobiernos, empresas y la comunidad en general para
aprovechar al máximo estas innovaciones y garantizar
que beneficien a la sociedad en su conjunto.

CAPITULO 8

Recursos y Herramientas para Principiantes

Plataformas de criptomonedas: Para los principiantes
interesados en entrar en el mundo de las
criptomonedas y los NFT (Tokens No Fungibles), es
importante contar con recursos y herramientas
adecuadas que les ayuden a comprender, invertir y
utilizar estas tecnologías de manera segura y efectiva,
Plataformas como Coinbase, Binance, Kraken y
Bitstamp permiten comprar, vender e intercambiar
criptomonedas de manera sencilla. Estas son buenas
opciones para principiantes debido a su interfaz fácil
de usar, permiten a los usuarios comprar
criptomonedas utilizando moneda fiduciaria (como
dólares estadounidenses, euros, etc.) o intercambiar
una criptomoneda por otra. También permiten la
venta de criptomonedas para convertirlas en moneda
fiduciaria. Para facilitar su uso, las plataformas de
intercambio suelen ofrecer interfaces de usuario

intuitivas y fáciles de navegar, diseñadas para usuarios principiantes y experimentados, implementan medidas de seguridad avanzadas, como autenticación de dos factores (2FA), almacenamiento en frío (almacenamiento de criptomonedas fuera de línea) y auditorías de seguridad. Las plataformas ofrecen pares de negociación que indican qué criptomoneda puedes comprar o vender en relación con otra. Por ejemplo, BTC/USD significa que puedes comprar Bitcoin con dólares estadounidenses. Los exchanges cobran tarifas por realizar transacciones. Estas tarifas pueden variar según la plataforma y el tipo de transacción (compra, venta, retiro, etc.). Es importante entender las tarifas antes de utilizar una plataforma. También ofrecen servicio de atención al cliente que varía entre las plataformas. Algunos exchanges ofrecen soporte en vivo, mientras que otros se basan en la asistencia por correo electrónico o chat. Es importante investigar y elegir una plataforma de intercambio confiable y adecuada para tus necesidades específicas antes de comenzar a invertir en criptomonedas. Además, es fundamental mantener la seguridad de tus activos digitales al utilizar billeteras seguras y seguir prácticas de seguridad recomendadas. Algunas Plataformas como Coinbase Learn, Binance Academy y Coursera ofrecen cursos gratuitos y recursos educativos sobre criptomonedas y blockchain. Son ideales para adquirir conocimientos básicos.

Blogs y Medios Especializados: Sitios web como CoinDesk, CoinTelegraph y Decrypt proporcionan noticias actualizadas, análisis y artículos educativos sobre criptomonedas y NFT. También están las comunidades en línea como lo son Reddit, Telegram y Discord albergan comunidades activas de entusiastas de las criptomonedas donde puedes hacer preguntas y obtener consejos de otros miembros.

Cursos en Línea y Tutoriales: Plataformas como Udemy y YouTube ofrecen una amplia gama de cursos y tutoriales sobre criptomonedas y NFT, desde lo básico hasta conceptos más avanzados. Ameer Rosic ofrece una serie de videos en YouTube llamada "Crypto 101 - The Basics" que es apta para principiantes. Recuerda que la educación continua es clave en un campo en constante evolución como el de las criptomonedas y blockchain. Sigue a expertos en criptomonedas en Twitter y suscríbete a canales de YouTube confiables para mantenerte actualizado sobre noticias y análisis del mercado. También se recomienda comenzar con pequeñas inversiones y no invertir más de lo que estás dispuesto a perder. La seguridad y la gestión adecuada de tus activos son clave en este espacio en constante evolución.

Cómo Comprar Bitcoin en una Plataforma de Intercambio

Regístrate en una plataforma de intercambio de criptomonedas confiable como Coinbase, Binance o Kraken. Luego completa el proceso de verificación requerido por la plataforma, que a menudo incluye proporcionar información personal y documentación. Después deposita dinero en tu cuenta a través de una transferencia bancaria o tarjeta de crédito. Esto se utilizará para comprar Bitcoin. En la plataforma, busca el mercado de Bitcoin (BTC) y selecciona la opción "Comprar", Ingresa la cantidad de Bitcoin que deseas comprar y confirma la transacción, luego Verifica la transacción y confirma la compra de Bitcoin. Los BTC se acreditarán en tu billetera.

Cómo Enviar Bitcoin a otra Billetera

Busca la opción "Enviar" o "Enviar Bitcoin" en tu billetera, Copia y pega la dirección de Bitcoin del destinatario o escanea su código QR. Especifica la cantidad de Bitcoin que deseas enviar y verifica la información. Es importante Revisar todos los detalles de la transacción y confirma, Puede ser necesario que tengas ingresar tu contraseña o PIN de seguridad. La transacción se agregará a la cadena de bloques y se confirmará, Esto Puede llevar unos minutos o más, dependiendo de la red que utilices. Estos mismos pasos se utilizan en cualquier criptomoneda ya sea para comprar o enviar las criptomonedas.

Cómo Comprar un NFT en un Mercado NFT

Si aún no tienes una cuenta en el mercado NFT de tu elección, regístrate en él. En este ejemplo, utilizaremos OpenSea. Para comprar un NFT, necesitas una billetera de criptomonedas compatible, como MetaMask, Trust Wallet o Coinbase Wallet. Asegúrate de tener fondos en tu billetera para realizar la compra. Lo primero que debes hacer es Explora el mercado NFT en busca de un activo digital que te interese comprar. Puedes buscar por categoría, artista o nombre específico. Una ves que encontraste tu NFT, Haz clic en el NFT que deseas comprar para ver los detalles. Asegúrate de revisar la descripción, el precio y cualquier información adicional proporcionada por el vendedor. busca y selecciona la opción "Buy Now" (Comprar Ahora) o "Place a Bid" (Realizar una Oferta) si el vendedor permite ofertas. Ingresa la cantidad que estás dispuesto a pagar. Asegúrate de verifica todos los detalles de la transacción antes de confirmar. Esto incluye el precio, la dirección de tu billetera y la cantidad de gas (una tarifa de transacción) que estás dispuesto a pagar. Ten en cuenta que las tarifas de gas pueden variar dependiendo de la congestión de la red Ethereum. Una vez que hayas confirmado la compra, la transacción se agregará a la cadena de bloques. Deberás esperar a que la red Ethereum (u otra red en la que se base el mercado) confirme la transacción. Esto puede tomar algunos minutos o más, según la congestión de la red, luego Verifica en tu billetera que el NFT esté allí y confirma que todo sea correcto. Ahora puedes disfrutar y, si lo deseas, mostrar tu NFT en tu colección digital. Ten en cuenta que los mercados NFT pueden tener políticas específicas y tarifas asociadas con las transacciones, por lo que es importante familiarizarse con las reglas y políticas de la plataforma que estás utilizando. Además, asegúrate de comprar NFTs de vendedores confiables y de investigar el historial y la autenticidad de los activos antes de comprarlos.

Últimos consejos para los lectores interesados en comenzar a invertir

Querido Lector interesado en las inversiones digitales,
El mundo de las inversiones digitales es un espacio en constante evolución y repleto de oportunidades emocionantes. Cada día, nuevos avances tecnológicos y cambios en los mercados financieros están dando forma a un futuro financiero que es más accesible, democrático y lleno de potencial más que nunca. Te invitamos a siempre seguir aprendiendo y mantenerte informado de este maravilloso mundo digital.

Recuerda que este es solo un esquema general y que necesitarás investigar y profundizar en cada uno de estos temas

Epílogo

Navegando en el Mundo Digital de las Criptomonedas y los NFT

En el viaje que hemos emprendido a través de este libro, hemos explorado las intrincadas capas del mundo de las criptomonedas y los Tokens No Fungibles (NFT). Desde las raíces y los conceptos básicos hasta las aplicaciones avanzadas y las estrategias de inversión, este libro ha sido un intento de desentrañar y simplificar un universo digital en constante evolución. Hemos visto cómo las criptomonedas, comenzando con Bitcoin, han surgido como una forma de moneda digital descentralizada, ofreciendo una alternativa al sistema financiero tradicional. A través del tiempo, hemos visto el surgimiento de diversas criptomonedas, cada una con sus características y aplicaciones únicas. El concepto de blockchain, la tecnología subyacente detrás de las criptomonedas, ha demostrado ser revolucionario, no solo por su capacidad para mantener un registro descentralizado y seguro de transacciones, sino también por las aplicaciones más allá de las criptomonedas, como los contratos inteligentes y la tokenización de activos. Los NFT, por otro lado, han transformado la forma en que percibimos y valoramos la propiedad digital. Al permitir la autenticidad y la propiedad únicas de los activos digitales, los NFT han abierto un nuevo mundo de posibilidades en el arte, los videojuegos, la música y más allá. A lo largo de este libro, también hemos abordado los desafíos, los riesgos y las estrategias para navegar de manera segura e inteligente en el mundo de las criptomonedas y los NFT. Hemos proporcionado herramientas y recursos para ayudarte a comenzar y a tomar decisiones informadas. A medida que cerramos este capítulo, es importante reconocer que el paisaje de las criptomonedas y los NFT está en constante cambio. Las tecnologías emergentes, las regulaciones en desarrollo y las tendencias del mercado continuarán evolucionando. La educación continua y la adaptabilidad serán clave para navegar con éxito en este espacio. Finalmente, este libro no pretende ser un consejo financiero definitivo, sino una guía para ayudarte a comprender y explorar este fascinante mundo digital. Las inversiones en criptomonedas y NFT deben ser cuidadosamente consideradas, y siempre es aconsejable buscar asesoramiento de profesionales financieros cuando sea necesario. En este emocionante viaje hacia el futuro de las finanzas y la cultura digital, te animo a que sigas aprendiendo, explores con curiosidad y tomes decisiones informadas y reflexivas. ¡Buena suerte en tu aventura en el mundo de las criptomonedas y los NFT.

¡Hasta la próxima!

www.ingramcontent.com/pod-product-compliance
Lightning Source LLC
Chambersburg PA
CBHW060001300526
45794CB00003B/1039